Die Reise III

GEDICHTE IM WELLENGANG

Ana Flor

der Stern

Die Reise III

GEDICHTE IM WELLENGANG

Ana Flor

Bibliografische Information der Deutschen National-
bibliothek:

Die Deutsche Nationalbibliothek verzeichnet diese
Publikation in der Deutschen Nationalbibliografie; de-
taillierte bibliografische Daten sind im Internet über
dnb.d-nb.de abrufbar.

Herstellung und Verlag:

BoD – Books on Demand, Norderstedt

ISBN 978-3-744835268

Inhalt

WELLENGANG

Nichts muss sein was nicht grad' ist.
Ich zeichne mit Worten den Sinn meines
Lebens.

Schwebfliege vor Islandmohn, Norwegen)

Vorwort

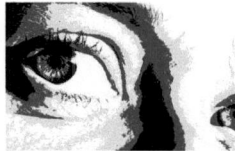 Das Schreiben begleitet mich seit meinem 10 ten Lebensjahr. Auslöser war ein Erlebnis an einem frühen Sommermorgen, als ich im Zelt von einem ohrenbetäubenden Vogelkonzert erwachte. Überwältigt griff ich zu meinem neuen roten Taschenkalender und begann zu schreiben.

Neugierde, Abenteuerlust sowie berufliche Gründe trugen und tragen mich immer wieder hinaus in die Welt. So verbrachte ich u.a. mehrere Jahre in Norwegen, Ost-Afrika, den Niederlanden und Neuseeland. Ein wesentlicher Auslöser hierfür war meine vom „Outdoor-Leben" und damit stark von der Natur geprägte Kindheit.

Diese Gedichtsammlung, aus unterschiedlichen Zeiten zusammengestellt, bildet fast die gesamte Bandbreite des Lebens ab – von hohem Wellengang bis hin zu spiegelglatter See. Und da das Leben oft unverhoffte Wechsel bereithält, habe ich es ihm gleichgetan und sich die Gedichte – darunter auch einige wenige in englischer bzw. niederländischer Sprache – ungeordnet aufs Papier fallen lassen.

Ich danke allen Menschen von Herzen, die mich auf meinem Lebensweg begleiteten und begleiten, denn sie alle haben auf ihre Weise zur Vollendung dieses Gedichtbandes beigetragen.

Ana Flor, im Mai 2017

*Für alle
Tänzerinnen und Tänzer*

Herbstzeitlose

Mitten im Herbst
bist Du eine Herbstzeitlose.
Ich liebkose
Deine Blütenwangen
und lass' mich fangen
von Deinem zarten Sein.

Mitten in mein Herz
ergießt Du Dich,
und ich erfreue mich
an Deiner Blütenwärme,
umschwärme
Dich wie Motten das Licht.

Mitten im Himmel
erstrahlt Dein Licht
und bricht
der Schatten lange Pfeile.
Ich eile,
es zu fangen und zu hüten.

Mitten im Herbst
bist Du eine Herbstzeitlose.
Ich liebkose
Deine Blütenwangen
und lass' mich fangen
von Deinem zarten Sein.

Wenn die Blumen tanzen

Wenn die Blumen tanzen,
dann steht der Wald Spalier.
Wenn die Blumen tanzen,
dann hebt jeder Pilz den Schirm
ein wenig höher, und neugierig
blinzelt ein Ohrenkneifer hervor.

Wenn die Blumen tanzen,
dann wird geflüstert im Gras.
Wenn die Blumen tanzen,
dann hüpfen die Mäuschen dazu
im wilden Springseilduett
und werden es nicht müde.

Wenn die Blumen tanzen,
dann liegt Milde in der Luft.
Wenn die Blumen tanzen,
dann tanzt die Liebe mit,
um den Lebenstanz zu eröffnen
für jedes lebende Wesen.

Der violette Krokus

Seine Tränen heilen ihre Wunden,
und sein Bauchnabel ist ihr Zuhause.
Sie treiben im gleichen Badewasser
und trinken aus einem Kelch.

Die Stürme der Zeit trieben sie auseinander,
und die inneren Wirbel schafften den Rest.
Sie trieben endlos wie Korken auf dem Wasser
und erreichten kein rettendes Ufer.

Neuland, verbranntes Land überall.
Nichts war vertraut, heimatlos.
Kein Boden unter den Füßen,
und nirgendwo Nahrung für die Seele.

Nichts war beruhigend,
weder der Klang der Low Whistle noch
das Summen des Wasserkochers.
Vertrautes wurde zur Gefahr.

Der Blick aus seinen Augen
trieb den Dorn tiefer in ihr Herz,
und das Schließen der Tür ließ sie frieren.
Die Ofenglut wurde kalt.

Und doch hielten sie das Band
fest umschlossen und glaubten.
Und nach einem langen kalten Winter
erblüht ein violetter Krokus im Schnee.

Nichts muss schnell

Nichts muss schnell
und nichts muss jetzt.
Wenn Du so durchs Leben hetzt
ist es nicht verwunderlich,
dass es Dir den Rücken bricht
oder dich im Herzen sticht.
Dir die Lunge will versagen
oder Darm und Magen klagen.

Mach 'ne Pause, hol mal Luft,
bevor dein Lebenslicht verpufft.
Denn: Eine Pause ist der Futtertrog,
aus dem die Seele Hafer frisst.

Falls du's wieder mal vergisst,
denke an die schlechten Zeiten,
um den Horizont zu weiten
und zu sehn, dass niemand log.
Mach dir erst mal einen Tee
und ruhe aus am Seelensee.
Lies in deinen eignen Zeilen,
übe Stillsein, das Verweilen.

Toter Schmetterling

Augen stöhnen unter ihrer Last.
Die Nase hört Geschichten.
Der Mund lauscht stumm.
Ohren sprechen laut
von besseren Zeiten.

Atem fühlt das Grau
wie schwere Steine.
Lasten werden geschleppt,
doch keiner weiß wohin.
Blinder Tatendrang durchdringt
selbst heilige Stunden.

Berührungsangst.
Bekümmerte Gesichter
scheuen das Lachen.
Im bleichen Sonnenaufgang
klebt ein toter Schmetterling.
Verfangen im Netz
zu vieler ungefragter Fragen.

Die Welt wie ich sie kannte

Die Welt wie ich sie kannte,
die verging, verstarb, verbrannte.
Die Welt wie ich sie kannte,
die gibt es so nicht mehr.
Die Welt wie ich sie kannte,
auf der ich fröhlich rannte.
Die Welt wie ich sie kannte,
nun tote Erde, totes Meer.

Die Kinder dieser Erde
waren wie wilde Pferde.
Die Kinder dieser Erde,
nun Augen, tot und leer.

Ihr Kinder dieser Erde,
hört meine Beschwerde.
Die Kinder dieser Erde
wandern auf schwarzem Teer.
Wir steh'n vor einer Wende,
doch Gott reicht uns die Hände.

Wir steh'n vor einer Wende,
vom Himmel hoch, da komm ich her.
Wir steh'n vor einer Wende,
die Taten sprechen Bände.
Wir steh'n vor einer Wende,
doch das zu sehen fällt uns schwer.

Wir müssen wieder leben
und Liebe reichlich geben.
Wir müssen wieder leben,
danach sehn ich mich sehr.
Wir müssen wieder leben,
mit Licht die Schatten heben.
Wir müssen wieder leben,
mit Seelenherz im Lebensmeer.

Herbstkniefall

Mit einem Herbstkniefall
verneigen sich die Blätter
vor Frühling und Sommer,
die sie munter sprießen
und freudig wachsen ließen.

Mit einem Herbstkniefall
ehren sie ihre Eltern,
Mutter Erde und Vater Baum,
die ihnen Nahrung und Zuhause gaben,
und sie beschützt, erzogen haben.

Mit einem Herbstkniefall
begrüßen sie den Winter,
der ihren Eltern Ruhe schenkt.
Denn die Erneuerung braucht Kraft,
die sie durch Einkehr sich verschafft.

Mit einem Herbstkniefall
verneige auch ich mich
vor Mutter Erde und allen Elementen.
Denn auch bei mir kehrt Ruhe ein,
mit Innenschau im Seelenschein.

The wedding of the fireflies

Be save and warm...

through rain and storm.

There's always a light

shining bright

to lighten-up

your darkest night.

Always.

Always.

Wolkenfederfüße

Ein beständiges Hinabsinken in weiche Kissen.
Unablässig.
Tausende über Tausende pludrig weicher
Wattebäusche in Wolkengröße.
Lecker - mit und ohne Zuckerguss.

Entspannungsmodus eingeschaltet,
Sinkgeschwindigkeit multipliziert mit dem
Wohlfühlkoeffizienten.

Grad und Länge des Schmerzes
bestimmen Dauer und Intensität
des Wohlgefühls,
des unendlich erscheinenden
Entspannungszustandes.

Du sinkst hinab in ungeahnte
Wohlfühltiefen eines
zuckersüßen Ozeans.

Du schwebst mit den Seifenblasen
um die Wette
und schleckst deine rosa Zuckerwatte.
Mögest du, wenn, dann so landen,
dass du deinen Lebensgarten
schwebend durchschreitest,

dahingleitest auf Wolkenfederfüßen,
die leise zu den Sternen grüßen
und dich das sein lassen, was du bist.

Fettes Mahl

Schweflig schmeckt die Frage.
Faulig riecht das Lachen.
Das Kind sucht Schmetterlinge im Winter.
Erwachsene hüsteln verlegen.
Hämmernde Schritte auf Aktenbergen.
Quietschende Blicke aus stummen Mündern.

Affront.
Klagendes Treten aus wehen Ohren.
Frösche regnen vom Himmel.
Gedanken schnäuzen sich verschämt.
Ein Schritt zu viel.
Die bleiche Morgensonne ruft unsere Namen.

Stille.
Autobahnen kollabieren seufzend.
Ein Licht blendet die, die wissen warum.
Tiere löschen den brennenden Wald.
Kinderhände falten das Tuch.
Der Abend hat ein fettes Mahl.

Mein Herz

Mein Herz schlägt
mit vor Staunen
offenem Mund
und atmet Deinen Atem.

Ein stilles, sanftes Fließen,
das zum Kuss sich ergießen
will.
Ich lausche still
dem sanften Beben,
dem leisen sich
Senken und Heben
Deiner Brust.

Von Licht durchwebte
Scherenschnitte
flattern durch die Luft,
und in der Mitte
werden sie eins,
und doch gleicht keins
dem anderen.

Ich jongliere mit
monderfüllter Himmelsglut
auf meiner Zungenspitze
und ritze
Sterne ins
Verstandesgewand.

Allerhand
Schönes ist da zu sehen...
Gebe das Boxen auf
und nehme in Kauf,
dass ich mir beim Tanzen
auf die Füße schau ☺
- genau:

So wie es ist
ist es gut.

Mein Herz II

Mein Herz ist weit
und still.
Es will
nichts hören,
außer sein eigenes Schlagen.
Niemand soll es stören,
niemand es wagen.

Mein Herz ist allein
und offen.
Es will hoffen,
und leben
im immerwährenden Reigen.
Und nicht verkleben
in Bitterkeit und Schweigen.

Mein Herz ist alles
und mein.
Doch dein
Herz schlägt
auch in meinem,
und mein Blut trägt
alles und vereint es zu einem.

Mein Herz.

Neo

Weiß nicht mehr was ich will.
In mir ist alles still.
Der Blick aufs Meeresblau
zeigt eine stille Frau.

Ich bin das Blau, das Meer.
Bin Fülle und doch leer.
Erwarte mich am Tor,
bin Stimme und auch Ohr.

Wohin die Reise führt
fühlt nur der, der auch spürt,
der in in die Tiefe geht
und schweigend zu sich steht.

Hier steh ich nun mit mir.
Alleine - und ich frier.
Doch in mir brennt mein Licht
und bricht
den Bann.

Stillblaues Schweigen

Still erblauendes Frühlingsschweigen
in krokusvioletter Luft.
Forsythiengelber Frühlingsreigen
in schwerem Hyazinthenduft.

Frohlockend buntes Sein
auf grüner Mutter Erde
in mild-goldgelbem Schein.
Ich staune, wachse, werde.

Frühlingsneues Lebenssein
im ewig *währenden Kreis.
Porentief und farbenrein,
das ist alles, was ich weiß.

Und das ist alles, was jetzt zählt.
Genießen, sein und leben.
Es ist das Leben, das uns wählt,
um uns ihm hinzugeben.

Der blinde Fleck

Ist er weiß oder schwarz?
Der schwarze Fleck auf der weißen Weste?
Der schwarze Fleck im Gefieder der
Friedenstaube?
Hat ihm jemand die Augen verbunden,
damit er sich selbst nicht sehen muss?
Oder versucht er verzweifelt,
ins Licht zu blinzeln,
doch bleiben seine Augen trüb.

Fleckentferner.
Fleckinferno.
Flo.

Der blinde Fleck.

Rolling stones

We are all rolling stones
We are all travellers
Leaving our sparkling trace
In the outerinner space

We are all rolling stones
We are all travellers
Some are pebbles, some are rocks
Some are silent, some are cocks

We are all rolling stones
We are all travellers
So go and shine your light
Brilliant, sparkling and bright

Spinnen

sie haben sich ausgesogen

wie Spinnen ihre Beute.

Übrig geblieben ist nur

der harte Panzer.

Eine leere Hülle.

Ohne Gefühl.

Ohne Fragen.

Ohne Rückkehr.

Hartdruppels

Wegdromen

Met gesloten ogen

Onder stille bomen

Wil ik betogen

Dat ik jij door mijn

Lichaam voel stromen

Een eeuwig vloeien

En bloeien

Ik draag een ketting

Gemaakt van liefdesparels

Gematerialiseerde hartdruppels

Die Erkenntnis der Endlichkeit

An Imbolc kommt das Licht zurück,
und das Herz wird leicht und weit.
Wir spüren schon das Frühlingsglück,
danken der Erkenntnis der Endlichkeit
von Allem.

Wie eine Spirale dreht sich das Leben
im ewigen Vorwärtswandelgang.
Und was noch gerade eben
unveränderlich schien, währt nur so lang
wie ein Schmetterlingsflügelschlag.

Es ist eine Ahnung, ein leichtes Atmen nur,
das uns kurz innehalten lässt.
Ein feines Erbeben der Natur,
und still drücken wir diesen Moment fest
an unsere Herzen.

Hebt Eure Gläser

Hebt Eure Gläser und Eure Sinne.
Trinkt auf das Leben und auf den Tod.
Steuert Euer Schiff mit Ruder und Pinne
hinein in den Hafen, heraus aus der Not.

Hebt eure Gläser und eure Stimme.
Trinkt auf das Leben und auf den Tod.
Zielt genau über Korn und Kimme,
und trefft euer Glück im Abendrot.

Hebt eure Gläser und eure Sonne.
Trinkt auf das Leben und auf den Tod.
Genießt euer Leben in voller Wonne
und teilt mit allen Wein und Brot.

Lebensliederlichterklang

Danke, danke, danke.
Diese dunkle Neumondnacht
hat Verstehen, Klarheit gebracht.
Das Kranke konnte endlich sterben,
und das Neue Gutes erben.

Endlich, endlich, endlich.
Es zog mit allen Geistern fort
an einen weit entfernten Ort.
Endlich ist die Wunde zu,
und wer bleibt, bin ich - nicht du.

Frei, frei, frei.
Ich stehe frisch im Sonnenlicht,
und höre wie es zu mir spricht:

"Spring hinein ins Lebensmeer,
schau nicht zurück noch hinterher.
Der Zauber liegt im Vorwärtsgang,
im Lebensliederlichterklang."

Ich hab vergessen wie es war

Ich hab vergessen wie es war.

Ich hab vergessen wie es war
als ich zu den Sternen blickte.

Ich hab vergessen wie es war
in der bunten Wunderbar.

Ich hab vergessen wie es war
als ich mich geborgen fühlte.

Ich hab vergessen wie es war.

Tränenschale

Du trägst deine Tränenschale die Leiter empor,
hoch hinauf zu den wartenden Engeln.
Auf dass sie Salz in Licht verwandeln.

Du schreitest durch das weite Tor
in raschelnd grünem Gewand,
bist bereit zu wachsen, werden, handeln.

Verantwortung heißt die Zutat,
die der Wandlung vorangeht
und die gut bemessen sein will.

Eigenes Lauschen statt fremder Rat,
um in die eigene Kraft zu kommen.
Setzt dich zu den Engeln, leise und still

hat nun das Ritual begonnen.
Du schweigst und lauscht in dich hinein,
spürst Engelskraft und Licht.

Es ist keine Zeit verronnen,
und doch sitzt du schon ewig hier
und hörst wie die Stille spricht.

Lichtkrieger

Lichtkrieger,
Krieger des Lichts.
Eure Zeit ist gekommen.
Zieht Eure Schwerter
und zeigt Euer Licht.
Steht als ein Heer,
vereint im Ziel.
Liebe ist Eure Waffe
und Licht Euer Weg.

Lichtkrieger,
Krieger des Lichts.
Es ist Zeit, Euch zu wappnen.
Erstrahlt nun im Licht,
unter dem Banner der Liebe.
Mut sei Euer Schild
und auch Euer Pferd.
Liebe Eure Rüstung
und Licht Eure Sporen.

Lichtkrieger,
Krieger des Lichts.
Wir stehen vereint,
den Spuk zu beenden,
den Bann zu brechen
und Recht zu sprechen.
Gegen Macht, Zwietracht.
Habt acht, denn wir zeigen
wer wir sind: Krieger des Lichts.

Zoektocht

Ik weet niet wie ik ben,
maar ik zou de zin
van mijn zoeken
wel vinden.
Zeg mij maar wie ik ben.
Giet de sterren van de nacht
in mijn glas
en vul mijn lege ziel op
met het groene gras
van hoop.

Ik wacht
bij de vuurtoren,
verloren
en toch gevonden,
los en toch gebonden
aan de zoektocht
in de bocht
van het schitterende leven.

Unbewusste Lebensreise

Sich stumpf ins Auge schau'n,
meistens jedoch vorbei.
Ehepaaralltagsroutine
im Alltagseinerlei.

Sich selbst, dem andern fremd,
Ob Zuhaus oder im Zug.
Die Lebensreise ganz allein.
Herzensleerer Selbstbetrug.

Die eigene Landschaft rast vorbei,
einsame Fahrt durchs Höllental.
Unbewusste Lebensreise,
so wird ein Geschenk zur Qual.

Follow my intuition

My reality is not necessarily yours.
Marbles everywhere on
my colourful parcour.
A mild tone between light turquoise and green.
And another colour yet to be seen.

Marbles bounce all over the floor.
It's the end of this bothering game.
I finally stood up, opened the door.
Feeling inside me my eternal flame.

I hoped against hope.
Thinking all the time I could cope
with all these mind and marble plays,
these endless trials to find ways,

to find a key to your locked-up heart.
But I couldn't, as I found it was long gone.
I am on frozen ground, but I made a start.
The marbles and I keep rolling on.

It's my responsibility to be positive now.
My way is straight up and then I'll fly.
Even if in the moment I don't know how
I know that one day I will be sky high.

Chlorophyll

Du bringst mein Chlorophyll zum Blühen,
lässt meine Blüten Funken sprühen.
Du lässt meine Blätter sprießen
und mich in mich selbst ergießen.

Du wirfst mir mich selbst entgegen,
bist mein warmer Sommerregen.
Du erweckst meine Dämonen,
und sie werden mich nicht schonen!

Du fängst mich im Dauerlauf,
sogar in anderen Leben auf.
Du bereitest mir mein Sein
und fügst mich einfach in Dich ein.

Du bist stets an meiner Seite,
selbst, wenn ich Dir Schmerz bereite.
Du fliegst mit mir durchs Himmelszelt
und umarmst mit mir die Welt.

Hin und weg

Es kommt kein hin und her mehr.

Denn ich komme nicht mehr her,

sondern bin

hin

und weg.

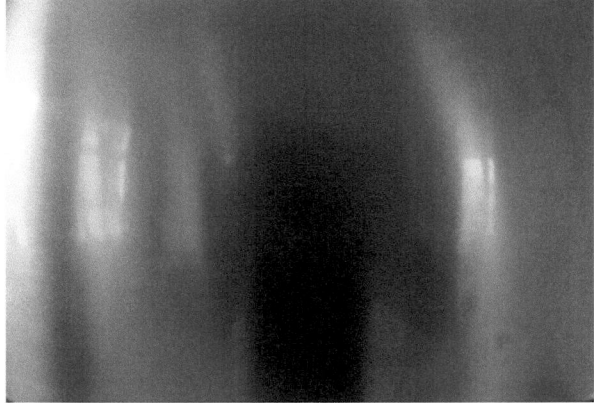

Ich weiß nicht mehr

Ich weiß nicht mehr
wer du bist.
Ein Phantom, Illusion?
Ich erinnre mich nicht mehr.
Schon
zu lange her.

Du versinkst im Meer
der Zeitlosigkeit.
Stiller Friede macht sich breit.
Und auf meinem Seelensee schwimmen leise
weiße Schwäne.
Ich sitze, schaue, trink Kaffee.
Derweil schmiedet das Leben Pläne.

Ich weiß nicht mehr
wer du bist.
Ein Phantom, Illusion?
Ich erinnre mich nicht mehr.
Schon
zu lange her.

Wie genau war noch dein Blick?
Wie war das noch mit diesem Kick?
Nein, ich krieg's nicht in den Sinn,
bin nicht mehr im Thema drin.
Alles verflogen,
Schall und Rauch.

Mich selbst nicht belogen,
doch fahrlässig mit meinem Schatz.
Und jetzt ist da ein leerer Platz,
über den ich frei verfügen kann.
Doch zieht mich nichts mehr in den Bann,
als mich ganz mir selbst zu geben,
zu verschenken, an das Leben.

Ich weiß nicht mehr
wer du bist.
Ein Phantom, Illusion?
Ich erinnre mich nicht mehr.
Schon
zu lange her.

Der leere Platz füllt sich allein,
denn es geschieht, was geschehen soll.
Und
- von heiligem Wasser übervoll
sprudelt die Quelle auf meinem Grund,
füllt meinen See im Sternenschein.

Trauerhitze,

in der ich Tränen schwitze.
Sommerschwere,
und ich erwehre
mich des Gefühls,
so unendlich leer zu sein.
Im Weltenmeer ganz allein
auf Tauchstation.
Denn auf mich wartet schon
mein tief verletztes Seelenich.
Und dahinter seh ich dich,
und gleichzeitig seh ich mich.
Ein Spiegel ohne Unterlass,
doch noch fass
ich nicht die Dimension
dieses Seins, obschon
ein Teil von mir es wohl versteht
und bereits am Himmel steht.
Lächelnd und die Arme weit:
Alles heilt im Lauf der Zeit!

No regrets

No regrets, no sorrows.

No more if's, no more tomorrows.

No more sighs, no but or then.

This is not a comprehen-

sive story,

not demanding any glory,

nor right on righteousness.

It's just the right that I demand

to live a life in bliss.

Dichter bij jou staan

Ik wil nog dichter bij jou staan
Zoals de aarde bij de maan
En onder dichte groene bomen
Gaan we lekker liggen en dromen

Ik wil nog dichter bij jou staan
Mijn hand raakt je heel even aan
We wandelen op lichte wegen
En komen ons herhaald weer tegen

Ik wil nog dichter bij jou staan
Met jou door de wereld gaan
Nooit meer vriezen, peinzen, bangen
En met manen sterren vangen

Ich möchte einfach nur sein

Ich möchte einfach nur sein,
aber das Leben meldet sich
unaufhörlich,
klopft an und verlangt Eintritt.

Ich möchte einfach nur sein,
aber du meldest dich
unaufhörlich,
klopfst an und verlangst Eintritt.

Ich möchte einfach nur sein,
aber ich melde mich
unaufhörlich,
klopfe an und verlange Eintritt.

Löschzug

Löschen, alles löschen.

Nur wie?

Ich stecke in jeder meiner Zellen

und verstopfe mir die Freude.

Versperre mir die Sicht.

Nehme mir den frischen Atem.

Hey, du Ich:

Lass mich

frei!

Hole den Löschzug.

Denn genug ist genug.

Doch immer wieder

Und immer wieder geht die Sonne auf,
nimmt dich das Leben
im Dauerlauf
mit auf seine Einkaufstour
zu Spardichtot und Superkauf.

Und dabei wolltest du nur
ein wenig ruh'n im Schatten,
stattdessen voll auf dem Parcours,
anstelle von sich leben lassen,
von Ruhe ist hier keine Spur.

So wirst du dich selbst verpassen
und das ganze Leben mit!
Hast keinen Bock auf diese krassen
Wechselbäder, Einkaufsräusche
und gehetzten Menschenmassen.

Doch immer wieder strahlt das Licht
und gibt uns neues Leben.
Hörst Du, wie es zu dir spricht,
dich in seinen Tempel ruft
und so den Teufelskreis durchbricht?

Desert sky

Here you are.
With all your fears and sorrows,
your dreams about tomorrows,
your hopes and wishes,
your chaos, undone dishes.

Here you are.
In the midst of nowhere,
almost too hard to bare.
Not a single open door.
Like nothing ever known before.

Here you are.
Sitting under a desert sky,
among your tribe – 'hello' and 'hi'!
You can feel the loving grace.
This has always been your place.

Here you are.
Just being,
freeing
your bounded soul,
putting the good peas in a bowl.

Here you are.
Wide amongst yourself,
putting your weapons on a shelf,
kneeling down you obey
to the source – life – your way.

Ausatmen

Manchmal ist Schreiben
wie Worte fangen
mit einem zu kleinen
Käscher.

Dann bleiben die
lyrischen Himmel verhangen,
und kein Wortregen
will sich ergießen.

Und kein Reimsegen
fließen,
wenn die Feder
nicht schreiben will.

Dann hilft nur eins:
Werde still,
lass einfach los
und geschehen.

Du wirst sehen,
es braucht manchmal bloß
ein Ausatmen,
und dann fließt es wieder,

dein Wörterfloß.

Was auch immer es ist

Was auch immer es ist –
Puzzleteilchen, Mosaiksteinchen,
etwas über allem Stehendes.
Am Ende bleibt die Erkenntnis:
Alles ist gut wie es ist.

Du hast dich emporgeschwungen,
und tausendeinhundertelf Sternschnuppen
überfluten das Himmelszelt
mit ihrem goldenen Funkenregen
und fliegen einander entgegen
als glühendes Weiß.
Dies ist der Preis
für Wachstum.

Der Tod eines Sterns gebiert
viele neue Lebensfunken.
Das ist das Gesetz des Lebens.
Nichts ist vergebens.
Alles fügt sich in einen Reigen,
umarmt das Schweigen
und die Stille.

Möge göttlicher Wille
In dir wirken,
du im Blau des Birken-
waldes deinen Bogen spannen,
um das Dunkel zu bannen
mit Wahrheitspfeilen,

zu fixieren und zu heilen.
Gegen jeden Widerstand
wird das Dunkel nun erkannt.
Und bald leuchtet ein Lichtermeer
aus Funkenpunkten um dich her.

Eine Krähe saß im Baum.
Erst bemerktest du sie kaum.
Dann beobachtetest, fixiertest du sie,
sahst ihre Erwiderung und riefst *„Hey, wie
geht's?"* Da flog sie einfach weg
und hinterließ einen graufahlen Fleck...
The crow.
Oh.

You never looked at it like this.
This is what you seemed to miss:
To follow your intuition
in recognition
of your heart,
to go from part
to wholeness and bliss.

This is
the kiss
of the
universe.

Großer Frieden

In großem Frieden liegst du hier,
glücklich in dir gelandet.
Du atmest aus und bist bei dir,
- nein, du bist nicht gestrandet.

Wackerstein um Wackerstein
fällt von deiner Seele.
Es sei ein ein äußerst leichtes Sein,
das dich ab jetzt erwähle!

Seelenschlaf

Wenn sich die Seele schlafen legt
und in ihre blauen Tücher hüllt,
sich in ihr keine Seele regt
und sich ihr See ganz langsam füllt,

dann ist Frieden im Seelenhain,
und alle Sterne leuchten.
Dann ist das wahres Beidirsein,
und glitzernde Tränen befeuchten

die Blumen in deinem Seelengarten
und wässern die trockenen Stellen.
Auf Aktion folgt immer warten,
auf dunkle Tage folgen die hellen.

So ist der Lauf der Lebensspirale,
ein Auf und Ab im Wellenspiel,
und du stehst so manche Male
da und rufst:

„Zu viel
des Guten, ich muss ruh'n,
einfach zu mir kommen,
und einmal wirklich gar nichts tun.
Ich bin erschöpft, gestresst, benommen."

Dann gib dich jetzt dem Atmen hin,
finde Frieden – hier, in MIR.
Alles Geschehen hat seinen Sinn.
Vergiss nie – ICH BIN bei dir!

Why

Why all this pain?
This waiting in vain?
For a bus that never arrives?
For the wind in rusty chives?

Why all these sorrows?
About past or tomorrows?
This aching and struggling?
This wondering and juggling?

Why all these whys?
These hick-ups and sighs?
As there is always only now.
No where or when or why or how.

Erschüttert - und doch unerschütterlich

Erschüttert, und doch unerschütterlich.

Der Wind beugt die Zweige zur Erde,
doch tapfer heben sie ihre Häupter
in jeder kleinen Atempause.

Erschüttert, und doch unerschütterlich.

Die Böen reißen dich jäh zur Erde.
Du umklammerst deinen Mantelkragen
und stapfst weiter und immer weiter.

Erschüttert, und doch unerschütterlich.

Der Schnee kniet in Dünen auf der Erde,
bittet sie leise um Vergebung
und weint Löcher in die eigene Haut.

Erschüttert, und doch unerschütterlich.

Tiefrot färbt die Sonne den Horizont,
ertrinkt im eigenen blutigen Saft
und tropft sich langsam in den Schlaf.

Erschüttert, und doch unerschütterlich.

Bewegen sich die Sterne am Firmament,
drehen tapfer Nacht um Nacht ihre Runde,
bis sie im ersten Silberstreif verglühen.

Niemandsall

Du bist ins Niemandsall gefallen,
hast dich komplett verloren.
Ohne Reissleine, ohne Schirm,
alle Säfte schwarz vergoren.

Und doch bist du geflogen,
hoch hinaus und immer weiter.
Hast dich am Sternenzelt gestoßen
und dann von deiner Leiter.

Der Sturz, der unvermeidlich kam
war ein schwindelbanger Fall.
Doch dann sahst du im tiefen Schwarz
die Glühwürmchen im Niemandsall.

Schmerz

Und wenn der Schmerz anklopft,
dann lässt du ihn ein mit einer
lieben Umarmung,
bietest ihm einen Stuhl
und bringst ihm Tee.

Und wenn der Schmerz anklopft,
dann setzt du dich leise zu ihm
und lauscht seiner sanften Stimme.

Und wenn der Schmerz anklopft,
dann darf er bleiben über Nacht
und dich sanft in seine Tränen hüllen.

Und wenn der Schmerz anklopft,
dann frühstückt ihr morgens
ein Lebensbrot

und verabschiedet euch mit einer
liebevollen Umarmung,
winkt euch leise: „Bis gleich."

Feenstaub

Wolkenstern
Heimatgestirn
fühl mich gern
ohne Hirn

Federkissen
Zuckerwatte
nicht vermissen
was ich hatte

Zauberstab
Feenstaub
der Baum wirft ab
sein altes Laub

Händestreichen
Kerzenlicht
Gedanken weichen
weil keiner spricht

Herzenstüren
Träumerpforten
Wege führen
zu Bunttraumorten

Weltgeschehen
Daseinsgarten
bleib nicht stehen
ohne zu warten

Overwhelmed

Here lies my aching heart,
small and tiny like a robin
in deep winter's white.

Here lies my aching soul,
still and silent on the seagrassbed
in deep water's green.

Here I am,
overwhelmed by life
in deep wave's gold.

Mähnenpracht

Dein Ego fängt an zu verstehen,
es lässt los, lässt dich gehen.
Du fragst dich verwundert:
Wer bin ich
eigentlich
in diesem Spiel?

Du weißt das Gegenteil von viel
und bist an dir vorbeigegangen.
Oft war dein Himmel grauverhangen,
warst in Sorgen, Angst gefangen
und lagst wach in dunklen, bangen
Stunden mit dem Blick zur Uhr
und fragtest dich: Was mach' ich nur?

Bist in viele Fallen getreten,
bis du wusstest, du brauchst Stille,
brauchst Besinnung und das Beten.
Musst wieder üben zu vertrauen,
dein Sein von Grund auf neu erbauen.

Hier sitzt du nun,
vor dir die Welt,
die du jetzt anders siehst,
die dir gefällt.

Und wenn ein Wolf in Vollmondnacht
heiser ruft und bellt,
dann schüttelst du die Mähnenpracht
und schickst deinen Gesang
zurück -
Richtung Mond, Richtung ich,
Richtung Glück.

Lebenswanderecken

Die Straße des Lebens.
Nichts ist vergebens.
Wir wandern und wandern
und sehen die andern
auf der Lebensstraße.
Jeder wächst in seinem Maße
wie es gerade passt.

Die Wege im Leben,
mal holprig, mal eben.
Doch wir gehen unbeirrt,
zaudern nicht, sind nicht verwirrt.
Gehen einfach immer weiter,
und auch auf der Lebensleiter
klettern wir empor.

Die Lebenswanderecken,
wo sich gern Schatten verstecken,
lassen wir links liegen
und kriegen keine Gänsehaut,
wenn ein neuer Morgen graut.
Sondern freuen uns am Leben
und wachsen uns erfrischt entgegen.

Trauriges Zwickelzupfen

trauriges zwickelzupfen
geneigtes herbsthirn
aufgeklapptes erdenschweigen
zugewandtes allgestirn
holpriges herzgeklapper
schwelender gedankenschweif
einseitig gerichtete armstreckung
vielgefalteter haarrauhreif
ausgelaugtes körpersaften
vorwärts strebender menschentaumel
grubengrabendes spatenheben
verstrickt geklebtes lebensgebaumel

Es gibt so manchen Garten

Es gibt so manchen Garten,
den wir besser nicht betreten,
weil dort nur Dornen warten
und Disteln in den Beeten.

Es gibt so manchen Rosengarten,
da sollte man nicht sein,
denn da kratzen einen die harten
Stachelgewächse am Bein.

Es gibt so manchen Bauerngarten,
da leuchten keine Farben,
nur Schwarzstängel, die in gepaarten
Duetten vor sich hin darben.

Doch im eignen Wundergarten,
da sind Düfte und viel Licht.
Von hier kannst du ins Weltall starten,
weil dich hier gar nichts sticht.

Absinthgrün

Im rauschenden Blätterdach
meiner Gedanken
leuchtet das Herz,
verlieren sich die Schranken
vorm Bewusstsein.

Im schimmernden Labyrinth
meines Seins
verscheuchst du mit dem Absinth-
grün deiner Augen
jegliche Schatten.

Im leuchtenden Funkenflug
meiner Seele
erstrahle ich
und leuchte
und bin mir selbst genug.

Let go as there's a lot to learn

let go
you know
this show

is over and done
gone
with the wind

...

there's a lot to learn
we always earn
sometimes we owe*
now go
and read your tale

ride the whale
and watch the pale
moon rise
ride the waves
many goodbyes

*something to someone or whatever...

Daniel

Es liegt Stille über deiner Seele,
ein tiefes Schweigen hüllt dich ein.
Du kehrst in dich, nun erwähle
den Gang in deinen Seelenhain.

Angekommen sinkst du nieder
und milder Schlaf will bei dir sein.
Er fährt dir sanft in alle Glieder,
und flüstert: *„Ja, jetzt bist du mein.*

Ich heile dich von deinen Schmerzen,
- von Allem, und ich bring' Verzeih'n.
Ich nehm' die Last von deinem Herzen
und wasche deine Seele rein.

Ich komm' im Schlaf und bringe Licht,
mache hell was dunkel ist.
Daniel ists, der zu dir spricht,
Worte, die du nie vergisst."

Blinde Zeiten

Wir leben in blinden Zeiten,
und Stumme haben das Wort.
Taube, die lauthals streiten,
und Wahnsinn an jedem Ort.

Hirn- und gefühlloses Tun,
wohin mein Auge auch schaut.
Plumpsack und erblindetes Huhn,
eine Welt aus Schaum gebaut.

Seifenblasenbunt statt siegen.
Schmetterlinge statt Metall.
Menschen, lernt endlich zu fliegen,
ohne Angst vor freiem Fall.

Nachtschatten - Schattennacht

Lange Schatten werfen der Nacht
ihre Messer in den Rücken
und beschwören das Dunkel.

Der Mond verfolgt die Wolken
durch die Schattennacht
und fängt silberne Tränen.

Die Welt versinkt in sich selbst
im Nebelgewand
und vergießt sich im Funkenregen.

Das Universum lächelt verschmitzt
vom Apfelbaum
und wirft sich goldene Bälle zu.

Herbstzeitlose II

Ich kauf mir ein Herbstzeitlos,
dann bin ich vielleicht die Herbstzeit los.

Oder kauf ich mir ein Mutlos?
Nee, dann wär' ich ja meinen Mut los.

Auch kein Wortlos,
denn dann wär' ich mein Wort los.

Und schon gar kein Brotlos
- ... sie ahnen es schon . . .

Aber vielleicht ein Problemlos?
Ja, genau . . . gebongt!

Novemberrain

It started to rain
Softly and smooth
My soul is in vain

Teardrops like rain
Soaking my heart
Weakening my brain

'Let go' says the rain
cause there is sun
behind all this pain

Eisblumen

Ich möchte Worte schreiben,
doch die Worte bleiben
nicht bei mir,
wandern stattdessen zu Dir,
absorbieren mich, statt
im Hier und Jetzt zu weilen, hat
mich das Karussell erneut
in seinen Kreiselbann gezogen
und Bilder kommen angeflogen
aus ferner Zeit, die mich erfreut
und auch traurig sein ließen.
So sprießen
stattdessen Eisblumen auf meinem
Augenfenster
und alte Gespenster
vernebeln mir die Sicht.
Doch aus dem Nebel spricht
es leis zu mir:

„Bleib' bei dir, bleib bei dir.
Du bist hier,
und alles ist gut.
Nun habe den Mut
es auch zu leben."

Anfang im Ende

Den Anfang im Ende finden,
sich des Schweren entbinden.
Lasten von Bord schmeißen
und Verstrickungen zerreissen.

Alles in Liebe und Achtsamkeit,
der Lotus wächst aus Schmerz und Leid,
und Neues wächst aus allem Alten,
wenn wir lassen, statt zu halten.

Dies ist eine alte Lektion,
und du kennst sie lange schon.
Doch erst nun bist du bereit
für Liebe, Leben, Dankbarkeit.

Du

Du erfüllst mich...

Dein Atem,

Dein Sein,

alles von Dir...

Deine Tränen

schimmern

wie Diamanten

in meinem Herzen...

Du bist in mir

und mein Schutz

vor mir

und dem Außen...

Du.

Sternendimensionen

Eine Wundertür

nach der anderen

öffnet sich

und lässt mich Dich

schauen

in goldgrünblauen

Sternendimensionen

wohnen

unsere Seelen

und lächeln einander

zwinkernd, erkennend, wissend zu:

Ich, das warst schon immer Du...

Den Schlaf umfangend

Den Schlaf umfangend

lege ich meine Hände

in deinen Schoß.

Der Nacht ergeben

liege ich nackt und bloß

unter deinem Sternenzelt.

Dem vielen Tun enthoben

entrücke ich der Welt.

Mit den Träumen fliegend

bin ich mit allem eins.

Mich geborgen wiegend

ist das Weltall meins.

Mein Herz ist ganz still

Mein Herz ist ganz still,

versteckt sich,

weiß genau was ich will.

Neckt mich

und sagt "leck' dich"

oder spiel das Spiel,

geh in ihm auf.

Nicht zu wenig, nicht zu viel.

Lass ihm seinem Lauf

und nimm in Kauf,

dass dein Ego wütend wird

und dich mächtig attackiert,

denn so gebiert

sich das Neue.

Sanftes Nähern

Mich dem im leichten Schweben nähern
dem unsagbaren Kosmos
der Erdengöttin
dem Mondstaubsammler

und der Saturnringwandlerin
dem Kleingroßfeinen
dem Alles und dem Einen
dem Großglanzlichterleuchten

dem Trockenwinterfeuchten
dem Sommerschwindelkühlen
dem Sternglasmurmelwühlen

und regennasses Feuchtgras fühlen
und immer mit sich einig sein
im Blauentempelwunderhain

An die Liebe

In der Weite
des Universums
rufe ich mich
suche ich mich
verliere ich mich
finde ich mich
sehe ich mich
begreife ich mich
vergieße ich mich
in dich

Inselzauber

Ich bin am Ende dieser Welt,
dort, wo sie sich selbst anhält
und über ihre Schönheit staunt,
magische Zauberworte raunt.

Vor mir nichts als tiefes Meer
und blaue Weite ringsumher.
Vulkankraft ist zu spüren,
will mich tiefer zu mir führen.

Von tiefster Stille umgeben
bin ich dichter dran am Leben
als irgendwo sonst auf dieser Erde,
auf dass ich selbst vulkanisch werde.

Erdfeuerenergie
und die Magie
der tiefblauen Weite,
durch die ich beinah schwebend schreite,

bringen mich zum Seelenquell
und hell
erstrahlt mein Seelenlicht,
das sich in meinen Augen bricht.

Es ist das Licht, das alles klärt
und sich dem Dunklen klar erwehrt.
Es dringt in jede meiner Zellen,
um alles Leben zu erhellen.

Du bist

Du bist in seinen Augen
millionenfach ertrunken
und tief hinab
aufs Seegrasbett gesunken.

Du bist nackt
in ihn hinab getaucht
und hast heilige
Worte gehaucht.

Du bist zu deinem
Seelengrund geschwommen
und warst von Liebe
ganz benommen.

Du hast dich selbst
in dir geboren
und dich beim Sternentanz
verloren.

Dann bist du
wieder aufgetaucht
und hast dir
Liebe eingehaucht.

Het sneeuwt

Het sneeuwt

Zacht en soepel

Op de koepel

Van jouw ziel

Onder een witte deken

Lig je de kanten

van jouw schaduw na te tekenen

Je neemt je nu de tijd ervoor

En bent stil

Stil

Zo oneindig

Stil

Elendes Nachtgestirn

Die Vollmondnacht hat Schnee
und dich um deinen Schlaf gebracht

Leis und still ist er gefallen
und hinterlässt wohl bei fast allen
weiße Flecken im Gehirn
und neue Falten auf der Stirn.

Die Vollmondnacht hat Schnee
und dich um deinen Schlaf gebracht.

Stark und mächtig ist er gekommen
und hat uns allen was genommen,
z.B. die weißfleckenkranke Zeit,
auch Stolz, Neid und Eitelkeit.

Die Vollmondnacht hat Schnee
und dich um deinen Schlaf gebracht.

Alles ist so still

Wo ist der Klang der Rasseln,
das Zirpen der Zikaden,
das Rauschen der KokosPalmen
und des Meeres im Duett
- KokosRasselPalmenMeer?

Möchte im WiegeSchritt
der Musik wegfliegen,
im TropenHauch Havannas
tauchen und vergehen
TropenWiegeHavannaHauch.

Möchte meinen Airlounger mit Meeresluft
zu einem schillernden Ballon aufblähen
und mich in die Lüfte erheben,
einfach erheben
über mein Selbst, mich, die Welt.

Die Essenz des Karamellbonbons

Es ist so eisige Luft,
dass selbst den Blüten
der Atem stockt, als glühten
die Winde, doch ihre Wärme verpufft.

Der Wind reißt wild an wehrlosen Bäumen,
rüttelt und schüttelt und lässt mich erbeben,
weht ihre Krone aus nacktgrünen Träumen,
mir bleibt nichts weiter als mich zu ergeben.

Doch in der Präsenz dieses Augenblicks
verschmilzt der Moment
zur Essenz
des Karamellbonbons.

Kniender Engel

Und still kniet neben der Wunde
ein weinender Engel
und träufelt sanft seine Tränen
in die noch zu heilenden Stellen,

lächelt dich sanft an,
streichelt zart dein Gesicht
und flüstert beruhigende Worte
in dein blutendes Herz.

Ich will doch nur

Ich will doch nur
meine dichtende Seele
an eine Birke schmiegen
mich wiegen
im Geäst ihrer Zuversicht

Ich will doch nur
dem Rauschen
ihrer Blätter lauschen
und unter ihrer
grünen Laubdachdecke liegen

Ich will doch nur
eins werden mit ihr
und ihrer Wurzelkraft
denn erschlafft
ist momentan die meine

Ich will doch nur
zurück zu mir
und werfe mich in deine
verästelte Blättergeborgenheit
und weiß, dass selbst die Zeit

nicht alle Wunden heilt

Wiggle, the cat

Wiggle the cat
who sat
on the beach
to teach
the fishes
how to talk
and walk
on land
raised her hand
and said:

„It's not bad
either to swim
or to walk,
to be silent
or to talk,
but the best
would be
to do both
- then you're free. "

The fishes listened silently,
swam to the shore,
there came more and more
raised their fins
and walked fluently
up on the beach,
greeted the cat
who lifted her hat
and disappeared...

Later they came back
to the shore
to talk some more
to the cat
who still sat
on the beach
to teach
the fishes
how to talk
and walk
on land...

Hymne an die Kinder

Kinder sind blühende Gärten,
stehen mit Angeln an reißenden Flüssen.
Sie wandeln auf geheimen Fährten,
werden bedacht mit Elfenküssen.

Kinder sind wie Murmeln aus Glas,
so freudig, die Welt zu entdecken.
So klar, so bunt und voller Spaß
und lieben es, sich zu verstecken.

Kinder tragen die Welt in sich,
samt all ihren Wundertüten.
Mit ihrem Lächeln beschenken sie dich
- Lasst uns Kinder und Wunder behüten!

Mondkalb

Der Wein steht in Flammen,
so wie manchmal das Herz.
Du fühlst dich, als sei deine Rakete zu tief
in den Mondstaub gesunken.
Und jetzt stehst du da
als blödes Mondkalb
und guckst doof.

Du stehst manchmal
in Flammen wie ein Herz.
Als seist du zu tief
in den Mondstaub
gesunken und stündest
nun da wie ein Mondkalb.

Flammendes Herz.
Tief in den
Mondstaub
gesunken.
Mond.

Herz.
Mond.

Fischsuppenzeitcocktails

Du treibst in einem Meer aus Zeit,
bunte Fische um dich her.
Weit und breit
nur Ozeanblau
und eine äußerst glückliche Frau.

Fischsuppenzeitcocktails,
und langsam schäls
- t
du dich aus deiner Haut,
denn ein Drang wird in dir laut

nach Vollendung im eigenen Sein.
So kniest du vor dem heiligen Schrein
und schaust sehr lang in dein Gesicht.
Du siehst Farben, Spiralen, blaues Licht
und einen Mund, der zu dir spricht:

„Ich bin dein Selbst, dein Ich, dein Du.
Darum hör mir bitte zu.
Die alte Haut ist abgestreift,
und nur ganz selten schweift
dein Auge in vergangne Fernen,

verirrst du dich zu falschen Sternen.
Denn nun erkennst du immer mehr,
wo deine wahren Wurzeln sind.
Irrst nicht mehr wild, ziellos umher,
bist nicht mehr suchend, fragend, blind.

Erkannt hast du worum es geht
und sitzt still an deinem Ort.
Genau hier, wo sich das Zentrum dreht,
und weißt, du musst nie wieder fort."

Under Montreal skies

Under Montreal skies
I felt the heaviness of whys.
Asked myself what's this all about?
Can I really be my scout?

And I knew the answer well,
when softly on my knees I fell.
It's all written in my book.
This decision I already took

long before I even came here.
And standing at the ocean's pier
I stared into my own green eyes
and felt the melting of all these whys.

Blau.

Atme das Blau.

Rieche das Blau.

Schmecke das Blau.

Höre das Blau.

Fühle das Blau.

Sieh das Blau

- und erblaue.

Glasmurmeltraum

Klangtraumsymphonie
aus tausend klickernden Murmeln
die eilig die Stufen hinunterpurzeln
mehr mehr immer mehr
überall
freier Fall

Purzelbaumakrobatik
wie sie sich kullernd überschlagen
in glitzerndem Durcheinander
klicker klicker klicker
immerzu
wo bist du?

Handstandsmenuett
Glasmurmeltraum im Weltenraum
kunterbunt fröhliches Gekugel
schneller schneller immer schneller
aufgehört
hat was stört

Sie ist schlichtweg zauberhaft!

Sie kann beglücken ohne Ende
und hat zauberhafte Hände.
Sie hat einen Zaubermund
und grüne Augen, kugelrund.

Sie hat den Staub der Fee im Haar
und ist auch sonst sooo wunderbar.
Sie ist der Göttin jüngstes Kind,
für das Probleme Peanuts sind.

Sie ist schlichtweg zauberhaft
und nimmt Dich nun in Zauberhaft.
Verwöhnt Dich sanft im Rothaarschein.
Nur Dich, ihr Stern, nur Dich allein!

Hymne an den Kosmos

Sie möchte den Kosmos mit ihr verlinken,
die Himmelsglut der Sterne trinken
und dann aufs weiße Mondbett sinken.

Sie möchte den Staub der Venus schmecken,
den Jupiter ein wenig necken
und dann an Saturns Ringen lecken.

Sie möchte einen Knoten in Kometen machen,
mit Neptun um die Wette lachen
und dann den Feuerstern entfachen.

Sie möchte Sonnensterne pflanzen,
mit den Sternenschnuppen tanzen
und sich dann im Licht verschanzen.

Epilog

Sie möchte sein im Weltenall,
ohne Angst vor freiem Fall
oder vor dem großen Knall.
Durchstarten ohne Widerhall.

Einfach schwereloser schweben
durch das unbeschwerte Leben.
Ihm ihre ganze Liebe geben
und sich dann still als Stern erheben.

Das Ganze ist die Leere

"Wohin nur mit all diesem Wundervollen? Wo bleibt es?" fragt die kleine Fee die große Fee unter Tränen.

"Es ist alles da und wird immer da sein - sicher und unvergänglich, denn die Liebe ist ewig, heil und unzerstörbar" sagt die große Fee zur kleinen Fee und macht eine ausladende Handbewegung in Richtung des grillendurchzirpten Sommernachtswaldes. Die kleine Fee folgt der Bewegung mit ihrem Blick, und plötzlich sieht sie überall Dutzende von Glühwürmchen als blinkende Pünktchen in der lauen Sommernachtsluft umherfliegen und wieder verglühen, um an anderer Stelle erneut aufzuleuchten und abermals zu erlöschen.

Dann zeigt die große Fee zum Himmel. Die kleine Fee folgt ihrem Blick und schaut einen atemberaubenden Sternenhimmel - die Milchstraße... Und plötzlich zieht vor ihren staunenden Augen eine große Sternschnuppe ihre leuchtende Bahn über den Nachthimmel, um kurz darauf wieder zu verglühen.

„Alles ist eins" sagt die große Fee. Das Eine ist alles. Und alles ist nichts. Das Nichts ist das Ganze, und das Ganze ist die Leere."

Within a single grain of rice
lies the universe' surprise

MIX

Papier aus ver-
antwortungsvollen
Quellen
Paper from
responsible sources

FSC® C105338